VENTE

du Mercredi 23 Avril 1913

HOTEL DROUOT, SALLE N° 10

A DEUX HEURES

✢

EXPOSITION PUBLIQUE

Le Mardi 22 Avril 1913

De deux heures à six heures

✢

TABLEAUX ANCIENS

ET MODERNES

✢ ✢ ✢

OBJETS DE VITRINE

BRODERIES

BRONZES --- CABINET ESPAGNOL

TAPIS

Me **EDOUARD FOURNIER**
COMMISSAIRE-PRISEUR

✢

MM. GRAAT ET MADOULÉ
M. R. BLÉE
EXPERTS

✢

CATALOGUE

DE

TABLEAUX ANCIENS
ET MODERNES

par

Louise ABBÉMA, ANGLADE, GUILLEMET, JOYANT, LAZERGE,
NOTTERMANN, PISSARRO, SAINT-MARCEL, SWEEBACH,
TASSAERT, TIMMERMANS et des ÉCOLES FRANÇAISE,
HOLLANDAISE et autres.

GRAVURES === FAÏENCES
et PORCELAINES === BRONZES

de BARYE et de MÈNE

OBJETS DE VITRINE

Argenterie — Ivoire — Bijoux

CABINET ESPAGNOL DU XVIᵉ SIÈCLE

BRODERIES ET TAPIS D'ORIENT

Dont la Vente aux Enchères Publiques aura lieu
HOTEL DROUOT, Salle N° 10
le Mercredi 23 Avril 1913, à 2 heures

Mᵉ Ed. FOURNIER, Commissaire-Priseur *29, Rue de Maubeuge*

EXPERTS

Pour les Tableaux modernes	Pour les Tableaux anciens et Objets d'Art
MM. GRAAT et MADOULÉ	M. R. BLÉE EXPERT PRÈS LE TRIBUNAL CIVIL
12, Rue Godot-de-Mauroi, 12	*3, Rue du Helder, 3*

EXPOSITION PUBLIQUE
le Mardi 22 Avril 1913 de 2 heures à 6 heures

CONDITIONS de la VENTE

Elle sera faite au comptant.

Les adjudicataires paieront *dix pour cent* en sus des enchères.

L'exposition mettant le public à même de se rendre compte de l'état et de la nature des objets, aucune réclamation ne sera admise une fois l'adjudication prononcée.

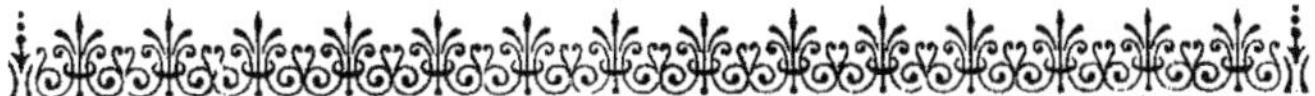

DÉSIGNATION

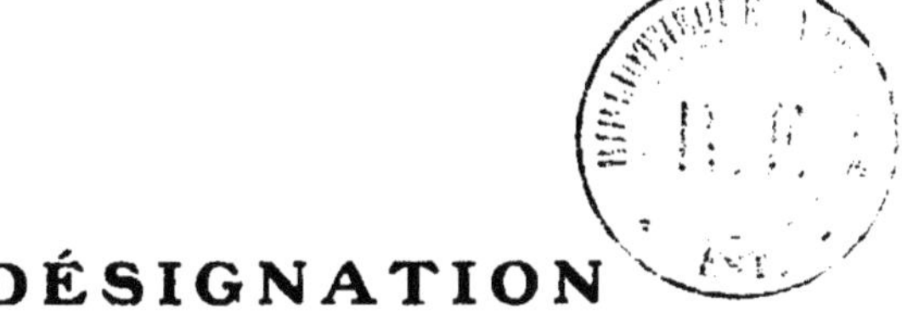

TABLEAUX

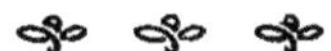

ABBEMA (Louise)

1. Promenade en gondole à Venise.
   Pastel.

ANGLADE

2. Bruyères en fleurs.

ARTUS

3. Courbet expulsé du Salon.

BACHMANN

4. Palais des Doges à Venise.

CLARY

5. Bords de la Seine à Vernonet.

DE CLERMONT

6. La Falaise.
   Toile.

COSTANTINI

7. Judith et Holopherne.
   Gouache.

DELPY Fils

8. Bords de la Seine.

DEL SARTE (Magdeleine)

9. Tête de femme.
   Aquarelle.

ERCOT

10. Portrait de jeune garçon.
    Pastel.

FAXON

11. Combat naval.
    Toile.

12. La rentrée au port.
    Toile.

DE FRANCESCHI

13. Algérienne.
    Aquarelle.

GIRARD

14. La ramasseuse de bois mort.
    Toile.

GUILLEMET (A.)

15. Paysage.

HAGEMANN

16. Le pâturage.
    Toile.

INCONNU

17. Bouquet de fleurs.

JOYANT

18. Le pont du Rialto.

19. Vue de Venise. La douane.

KOVALSKI

20. Ruisseau sous bois.
    Pastel.

LAZERGES (Paul)

21. L'oued El Kantara.
    Toile.
    Signée à gauche.

LEMMENS

22. Le Moulin à Vent.
   Toile.

LEVY (Michel)

23. Rue St-Antoine.
   Aquarelle.

24. Un coin des Tuileries.
   Aquarelle.

MAHETIN

25. Dégustation.
   Aquarelle.

MARCOTTE DE QUIVIERES

26. Rentrée de pêche.

MERLIN

27. Les Chats.

MORLET (Maud)

28. Nature morte.

MOUCHOT

29. Sortie de Mosquée.

NOTTERMANN

30. Les Singes : Braconnier devant le juge.

PICHAT (O.)

31. Cheval de Halage.

PISSARRO

32. Le chemin du village.
    Signé à gauche en bas et daté 91.
    Gouache.

    Haut. 31. Larg. 24.

RAPHAEL (d'après)

33. La Fornarina.

ROZIER (Jules)

34. Neige à Toit (Seine-Inférieure).
    Toile.

SAINT MARCEL (Edm. de)

35. Lionne couchée.
    Dessin rehaussé.

36. Panthère aux aguets.
    Crayon.

37. Tigre marchant.
    Dessin au crayon.

SCHULZ (Adrien)

38. Le Loing à Montigny.
    Toile.

SWEEBACH

39. Scène villageoise.
Toile.

TASSAERT

40. La sieste.
Signé à droite vers le bas du monogramme O T.
Bois, haut. 28. Larg. 22.

TIMMERMANS

41. Clair de lune en Hollande.

42. Coucher de soleil à Port-Navalo (Morbihan).
Toile signée à droite, datée 1905.

LÉONARD DE VINCI (d'après)

43. Portrait de Monna Lisa.

ECOLE FRANÇAISE

44. Portrait d'homme en habit bleu.

45. Figure de Jeune Femme.
Pastel.

46. Sainte Madeleine.
Grande toile.

47. Madeleine repentante.

48. Cour de ferme.

49. Tête de Jeune Fille.

50. Les moulins.

ÉCOLE HOLLANDAISE

51. Nature morte.

52. La Lettre.

Panneau.

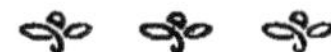

GRAVURES

53. L'agréable Leçon, *gravure en noir*, par Gaillard d'après Boucher.

54. L'Accordée de Village.

55. Le Paralityque servi par ses Enfants.

Gravures en noir, par Flipot d'après Greuze.

56. La Malédiction paternelle.

57. Le Fils puni.

Gravures en noir, par Gaillard d'après Greuze.

58. Deux gravures ovales gravées par Gabrielli et Bonato d'après Hamilton et Tomkins.

59. Quatre gravures rondes, *tirées en bistre*, relatives à l'histoire d'Héloïse et Abeilard, gravées par Parisi d'après Angelica Kauffmann.

60. Deux gravures en noir : *L'Enfant et la Jeunesse*, gravées par de Larmessin d'après Lancret.

61. Le Repas donné par Esther à Assuérus.

62. L'évanouissement d'Esther.

Deux gravures en noir, d'après de Troy.

63. Les Pêcheurs, *gravure noire*, par Benazech d'après Jos. Vernet.

64. Portrait de Monna Lisa, *gravure en noir*, par Jacquemard, d'après Léonard de Vinci.

65. Deux gravures ovales en couleurs représentant le *Départ de l'Amour* et l'*Amour ramenant la Beauté*, gravées par Wolff jeune d'après Wolff aîné et J.-B. Huet.

66. Recueil de gravures de Weirotter.

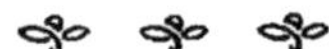

PORCELAINES et FAÏENCES

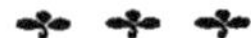

67. Pot à couvercle en ancienne porcelaine de Saxe ; décor de fleurettes.

68. Chasseur et Chasseresse, statuettes en porcelaine de Saxe.

69 à 73. Cinq assiettes en porcelaine de la Compagnie des Indes.

74. Deux coupes octogonales en porcelaine de la Compagnie des Indes.

75. Quatre tasses et leurs soucoupes en porcelaine de la Compagnie des Indes ; décor d'armoiries et de fleurs.

76 à 84. Douze assiettes en porcelaine de Chine ou de la Compagnie des Indes.

85. Deux vases en porcelaine de Paris, décor bleu et or.

86. Théière en porcelaine blanche ajourée de Sèvres.

87. Deux grandes potiches à couvercle en porcelaine de Chine. Décor fleur, bleu sur blanc.

88. Perroquet en émail bleu turquoise et violet. Porcelaine de Chine.

89. Carpe dans les flots, porcelaine blanche de Chine.

90. Deux Chiens en porcelaine de Chine. Bleu turquoise.

91. Vase en céladon craquelé et biscuit brun.

92. Deux vases en ancienne porcelaine du Japon, décor fleuri.

93 Deux candélabres en bronze doré ornés chacun d'un chien de Fo en blanc de Chine.

94. Groupe en biscuit : enfant et petits personnages ; signé Dumont.

95. Pendule surmontée d'un petit groupe composé d'une jeune femme et d'un enfanr. Porcelaine de Paris XIXe siècle.

96. Deux vases décorés de paysages avec enfants et animaux anses fixées à tête d'aigle. Porcelaine de Paris.

97. Plat en ancienne faïence de Delft. Décor de Dalhia.

98. Grand plat circulaire en ancienne faïence italienne décoré de scène guerrière et attributs militaires.

99. Plat creux en ancienne faïence hispano-mauresque à reflets métalliques.

100. Autre plat creux en ancienne faïence hispano-mauresque à décor en bleu et rouge.

101. Petite coupe creuse à oreilles en ancienne faïence hispano-mauresque à décor bleu et rouge à reflets métalliques.

102. Deux pots en ancienne faïence italienne à décor fleuri en bleu sur blanc et banderole jaune et blanc.

103. Pot en ancienne faïence italienne, décor en bleu rouge et ocre sur fond blanc.

104. Pot en ancienne faïence des Islettes.

105 à 110. Six pièces en ancienne faïence et porcelaines diverses.

BRONZES --- ÉTAINS

BARYE

111. Tigre et Crocodile.

P. J. MÈNE

112. Chien de Chasse.

113. Cheval de Course.

114. Groupe en bronze patine brunie, *Faune et Baccante*, socle doré.

115. La Course à l'abîme : *Faust et Méphisto*, grand groupe en composition.

116. Grand plat en étain, gravé au fond et marli de personnages.

117. Seau à rafraîchir en étain gravé d'armoiries.

118. Deux vases en bronze du Japon. Décor de dragons.

119. Vase rouleau en bronze du Japon.

120. Grand vase en bronze du Japon frotté d'or, décor d'oiseaux.

121. — Bouilloire persane en cuivre repoussé.

122. Deux plats ronds et un plat ovale en cuivre gravé ou appliqué d'argent. Travail de Bénarès.

123. Importante garniture de cheminée en marbre noir et bronze ciselé et partiellemeut doré, comprenant une pendule à sujet : *Les Trois Grâces* de Germain Pilon, deux grands candélabres à six lumières et deux flambeaux (Maison Barbedienne). *Hauteur totale de la pendule o m. 50.*

124. Cartel en bronze ciselé surmonté d'un vase et orné de 2 amours, d'un mascaron et de guirlandes de fleurs et fruits.

125. Deux lampes électriques en forme de petits temples en bronze doré abritant chacun une statuette de jardinier et jardinière en porcelaine.

126. Deux lampes en bronze du Japon.

127. Vase et lampe en cristal taillé monture bronze ; époque Restauration.

128. Deux porte-bouquets en bronze ciselé.

129. Deux miroirs dorés glace biseautée.

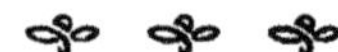

OBJETS DE VITRINE

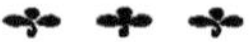

130. Montre contenue dans une croix, reliquaire en cuivre gravé à décors fleuris ; époque Restauration.

131. Deux salières ovales à couvercle en argent repoussé et ciselé ; époque Louis XVI.

132. Montre et son agrafe en or ornés d'émaux peints entourés de perles ; style Louis XVI.

133. Émail oval : Bacchus et Ariane (XVII° siècle).

134. Miniature ovale portrait d'enfant en robe de velou.s vert. *Signé* : Pauline Van Geenen.

135. Retour de chasse. Cavalier en costume du XVI° siècle. Grand émail. *Signé* : Soyer, 1878.

136. Deux plats ronds en argent.

137. Une casserole en argent.

138. Tryptique en ivoire sculpté : l'Ascension ; époque Restauration.

139. Christ en ivoire finement sculpté appliqué sur une croix en bois doré, contenu dans un cadre en bois sculpté et doré, d'époque Louis XIV.

140. Buste d'enfant couronné de fleurs. Terre cuite de *Lebroc*.

141. Buste de la Vierge entouré de deux chérubins. — Cire polychrome. Cadre bois sculpté.

142. Christ en croix. Travail de marqueterie.

143. Statuette bois et toile peinte, travail italien.

144. Deux petits bustes en bois sculpté.

145. Ancien moulin à café.

146. Coffret en bois décoré d'un couvercle à personnages.

147. Deux obélisques en granit rose, base marbre blanc.

148. Deux flacons carrés décor en dorure de vases fleuris et de paysage dans le goût chinois.

149. Carapace de tortue.

150. Éventail en marabout et écaille blonde.

151. Petit coffret en marqueterie de paille avec boîtes à l'intérieur.

152. Petit coffret en carton brodé de fleurs en pailles de couleurs.

153. Petit tableau en marqueterie de paille représentant une vue de ville, cadre à décor d'ornements.

154. Boîte ronde travail de marqueterie de paille.

155. Autre petite boîte ovale, travail de paille ornée
d'une petite gravure.

156. Petite glace en bois sculpté et doré à fronton
décoré des attributs de la musique.

157. Trumeau orné d'une peinture à sujet pastoral,
cadre en bois sculpté et doré, époque Louis XVI.

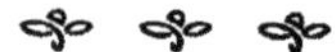

ÉTOFFES === BRODERIES

158. Tirage sur soie de la Comparaison, d'après
Janinet.

159. Trois petits tableaux brodés représentant la Vierge,
Saint-Jean-Baptiste et une Scène religieuse. (Sera
divisé).

160. Tableau brodé au passé en soie de couleurs de
bouquets de fleurs, de corbeilles fleuries et
d'oiseaux.

161. Tableau en broderie de soie de couleurs et che-
nillé représentant un arbre et des oiseaux perchés.

162. Tableau ovale brodé au passé de soies de couleurs
représentant une jeune femme déposant des
fleurs sur l'autel du souvenir.

163. Robe chinoise en soie brodée.

164. Bourse en velours. Décor de perles.

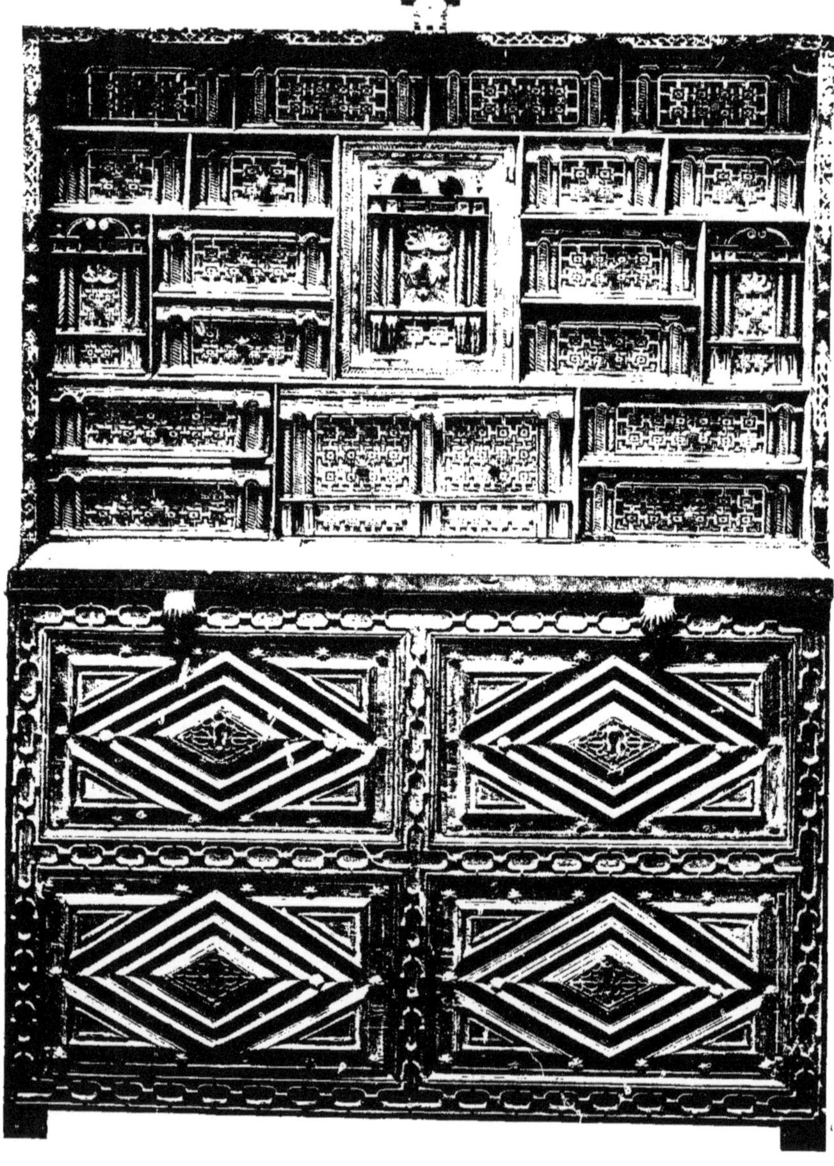

N° 190.

165 à 183. Collection de dix-huit gilets anciens en soie, satin, brodés au passé et au point de chenille de soies couleurs et de métal (sera divisée).

184. Tapis en satin rouge brodé de fleurs et d'oiseaux. Travail de Boukhara.

185. Bandeau en toile brodée de soie de couleurs de fleurs, motifs décoratifs, etc., travail de Boukhara.

186. Trois petits tapis et deux vêtements brodés de fleurettes et d'animaux en soie de couleurs. Travail persan (sera divisé).

187. Dessus de lit en filet à décor de personnages et ornements.

188. Panneau représentant une colonnade et des vases fleuris en broderie au point de Hongrie.

189. Carré de toile brodé en soie de couleurs de tulipes et encadrement fleuri. Travail persan.

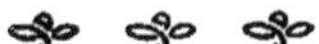

MEUBLES --- TAPIS

190. **Cabinet à abatant**. L'extérieur garni d'appliques en fer repercé et doré sur velours rouge. A l'intérieur petite chapelle centrale et nombreux tiroirs encadrés de fines colonnettes torses et ornés d'incrustations. Décor rehaussé de dorure. Il repose sur un coffre en noyer sculpté à losanges, ouvrant à deux tiroirs et deux portes. Travail espagnol. XVI⁰ siècle.

191. Glace à pans coupés. Cadre cuivre et bois noir. Style Louis XIII.

192. Tabouret oriental, marqueterie de nacre.

193. Lit de repos en bois laqué gris et bleu. Garni de cretonne à fleurettes.

194. Petite commode en marqueterie de bois de placage marbre bleu turquoise.

195. Console en bois sculpté. Style Louis XV et son marbre.

196. Petite console avec sa glace cadre doré style Louis XV.

197. Table à jeu en acajou à baguettes de cuivre, époque Louis XVI.

198. Secrétaire en acajou à baguettes de cuivre ouvrant à trois tiroirs et un abatant style Louis XVI.

199. Objets omis.

200. Tapis Karabagh, à dessin polychrome, sur fond rose, bordure noire.

$3^m85 \times 1^m30.$

201. Tapis Chahabas, à fond rouge, bordure brune.

$2^m85 \times 1^m30.$

202. Tapis Sérabend, dessin à palmettes, sur fond rose, bordure polychrome.

$3^m10 \times 1^m75$

203. Tapis Hamadan, dessin varié, sur fond bleu pâle.

$3^m35 \times 1^m35.$

204. Tapis Férahan, dessin polychrome à arabesques, sur fond rouge, bordure jaune et bleu.

$4^m05 \times 1^m85$.

205. Tapis de prière Sineh dessin à médaillons.

206. Tapis de prière à fond pâle.

207. Tapis de prière Karamanie.

208. Tapis de prière à médaillons sur fond pâle, bordure rose claire.

209. Tapis de prière Férahan.

FRAZIER-SOYE

GRAVEUR-IMPRIMEUR

153-155-157, Rue Montmartre

PARIS